LOS VERSOS DE CORDELIA

105

XXVIII Premio de Poesía Ciudad de Salamanca

Un jurado presidido por Antonio Colinas Lobato e integrado por Asunción Escribano Hernández, Fermín Herrero Redondo, Juan Antonio González Iglesias, César Antonio Molina Sánchez, José Luis Puerto y Jesús Egido Salazar, con Rubén Tostado González como secretario, otorgó por unanimidad al libro *Sol y sombra*, de Mercedes Escolano López, el XXVIII Premio de Poesía Ciudad de Salamanca.

Sol y Sombra

Primera edición en LOS VERSOS DE CORDELIA, noviembre de 2025

Edita: Reino de Cordelia
www.reinodecordelia.es
❎ 🄾 @reinodecordelia 🅵 facebook.com/reinodecordelia
▶ www.youtube.com/c/ReinodeCordelia01

Derechos exclusivos de esta edición en lengua española
© Reino de Cordelia, S.L.
C/Agustín de Betancourt, 25 - 6º pta. 13
28003 Madrid

Este Premio de Poesía ha sido convocado y organizado por la Fundación Salamanca Ciudad de Cultura y Saberes del Ayuntamiento de Salamanca

IBIC: DCF | Thema: DCF
ISBN: 979-13-85799-30-0
Depósito legal: M-22557-2025

Diseño y maquetación: Jesús Egido
Corrección de pruebas: Pepa Rebollo

Imprime: Técnica Digital Press
Impreso en la Unión Europea
Printed in E. U.
Encuadernación: Felipe Méndez

Sol y Sombra

Mercedes Escolano

Índice

Poros del lenguaje

Soy
apenas
un hombre que trata de respirar
por los poros del lenguaje.

Rafael CADENAS

AFERRADA A LA MAGIA y el misterio de los libros,
sobrevivo.
El temblor de las palabras,
el aliento de la tinta susurrante,
el latido de puntos y comas,
la respiración entrecortada del verso...
Mi casa se expande cada vez que abro una flor de papel
bellamente impresa
y la voy deshojando sin prisas.
Me alimento de palabras: un hilo de seda
aparentemente frágil pero muy resistente.

Nubes del Oeste

NUBES DEL OESTE han ido hilvanando
los cielos dormidos esta tarde.
Abajo, entre la hierba, diligentes hormigas
se afanan por empujar hojas secas
hacia los laberintos oscuros de la tierra.
Dicen que este año mayo traerá
aguas tardías y un aire cargado de polen.
Todo parece renovarse, despertar
de un largo letargo. Las jacarandas
ya despliegan sus primeras flores lilas
y la morera, cuajada de frutos, agacha sus ramas.

Si pudiera apretar tus manos entre las mías
y tararear una canción sobre tempranas rosas,

oiríamos cantar a los jilgueros
entre las agujas de los pinos
y apoyaría la cabeza en tu hombro, sin miedo.

Un bosque de papel

Há um bosque casualmente nesta mão.
Há um homem neste poema e envelhece.

Eugénio DE ANDRADE

MI REINO es revolotear de pájaros,
un valle con aire fresco y limpio.
Habito en palabras húmedas,
cinturas flexibles y brazos ondulantes.

La vieja tinta continúa esperando: carpetas
donde respiran voces que amé,
aleteantes pájaros casi translúcidos,
hojas amarillas después de la tormenta.

La vieja tinta es afilada como cuchilla.
Cuando todo se aferra a la vida,
cuando todo alarga sus dedos hacia la luz,
también yo me resisto a morir.

Abro carpetas y revolotean mariposas
dormidas. Temblando, he quedado fascinada.
El bosque de papel es tan frágil
que cualquier corriente de aire podría barrerlo.

¿Cuál es la selección natural de las palabras?
¿Qué diría Darwin del empeño que las palabras tienen
por convertirse en vasija?
Su agua busca recipientes donde habitar.

La piel de las palabras, tan delgada y misteriosa,
se dejó modelar por mis manos.
Hoy tiene cuerpo de libro
lleno de poemas.

La vida secreta de las plantas

NOS NEGAMOS a salir de cauces convencionales,
de la tradición heredada.
Pero podríamos imitar el comportamiento
de plantas que han desarrollado
nuevos sistemas de subsistencia:
eliminar hojas, flores, todo exorno
para salvar un tronco desnudo, aparentemente frágil;
minimizar el agua, la sed, lo básico;
aprender a convivir entre especies dañinas
que sirvan de defensa ante enemigos;
mudar olor, color, textura;
borrar del cerebro
cómo debe comportarse una planta.

Ante las inclemencias, resistir es complicado
pero si generamos nuevas respuestas
a nuevas condiciones, resistiremos.

No solo tener inteligencia
para solucionar nuevos retos
y poner en práctica hipótesis distintas,
sino saber guardar el secreto.

Amanecer

LA BRISA ANDA oculta entre los arbustos.
Un pájaro anda oculto entre los arbustos.
Un riachuelo anda oculto entre los arbustos.
¿Quién puede nombrar brisa, pájaro y riachuelo
sin sentir un estremecimiento, un roce
de humedad en la garganta?

La Naturaleza se entrega a cambio de nada
en su bondad infinita
para que brisa, pájaro y riachuelo
—en medio de la penumbra—
nos susurren al oído, tenuemente,
los misterios del bosque.

Materia oscura y energía oscura

MATERIA OSCURA y energía oscura
abundan en el universo.
¿Qué son? ¿De dónde proceden?

Cuando observo el cielo cuajado
de estrellas latentes, no logro entender
que la luz venga de tan lejos.

En medio de esta inmensidad,
el sonido de mi respiración.
Cada palabra, una estrella.

Hogar

Para Francisco Ruiz Noguera

UN RIMERO de libros en la mesilla,
codo con codo, peleando;
una sábana de algodón
tibia como una muchacha;
una almohada demasiado rígida
(recuerda aquella disciplina
de mi infancia, el miedo de los padres
a ser permisivos y blandos);
una radio, un reloj, una lámpara;
vestidos dejados caer sobre la cómoda
sin primor ni recato
y zapatos desnudos al lado de la cama.

A lo largo de mi vida
esta imagen viene y va, acompañándome.
Han sido muchas las casas
pero el desorden persiste.
La cama se erige en el centro del caos:
felices horas
en que la mente se evade
y se difuminan los contornos del cuerpo
ingrávido, dulce, perezoso.

Mi yo insiste

Soy una pregunta que se extiende hacia la noche.

Lila ZEMBORAIN

Mi yo insiste, amargo últimamente.
Apenas si me deja respirar
este tajo de angustia en pleno pecho,
tan fuerte que me hunde en la cama
con puño misterioso
y las horas se suceden abotargadas
en un duermevela confuso.
Otras veces el cuerpo flota sin peso
pero una enorme apatía se adueña de mí.

Me estiro hacia la noche,
alargo brazos y piernas,
alargo sentimientos,
alargo tristeza
en busca de respuestas que no existen.

Y el borde de mi cuerpo
solo palpa sábanas arrugadas.
El calor espeso deja paso a un temblor.

Me ovillo,
me enrosco,
me lamo.

La casa del poema

LA CASA DEL POEMA se fue construyendo
a base de apilar ladrillos:
era tangible el dolor, la desesperación,
el entumecimiento del cuerpo, la angustia,
el asco por la hipocresía y el miedo a vivir.
Cada ladrillo era una soledad rectangular
que hacía daño a la espalda
mientras acarreaba de un lugar a otro
esa pesada carga de días confusos.

La casa me aísla del mundo
y me protege del absurdo.
Afuera quedan el frío y el huracán,
el odio humano y la envidia.

Blancas paredes, blancos techos,
suelos blancos, blanca soledad,
centro tibio de mi concha de caracola.

Toda casa es un rito arcaico y primitivo,
una ceremonia iniciática.
Que la escritura
sea capaz de diluir el dolor
es primordial. Lo demás sobra.

Certeza

Una manzana roja sobre la yerba verde
es una manzana roja sobre la yerba verde.

J. E. EIELSON

CUANDO UN OBJETO es despojado de símbolos
queda desolado, tan desnudo,
simple tronco sin ramas ni manzanas.
Durante siglos hemos aprendido a cubrir de símbolos
cuanto nos rodea
y ahora no sabemos
recuperar la esencia.

Texturas, textiles, textos

Para Gloria Ocón

VISTA Y TACTO, dos placeres
que se unen en comunión inteligente
entrelazando una urdimbre.
El hilo de la vida avanza
con sensibilidad y gozo
a través de la palabra,
y los dedos tejen
lo que los ojos tejen:
intentan atrapar un instante de materia
cuya fugacidad es espíritu, aire.

El hilo de la vida

Mi BISABUELA no me contó nunca cuentos.
Mi abuela no me contó nunca cuentos.
Mi madre no me contó nunca cuentos.
Solo una vieja criada analfabeta
urdió los hilos mágicos de la memoria.
Media Carita me daba un miedo atroz
en las noches de invierno,
cuando mi cuerpo de niña
cabía en una pequeña cama,
ovillada bajo pesadas mantas de merino.
Tata Amalia no poseía voz dulce,
no era elocuente, parlera, chismosa,
no había leído jamás un libro,
pero era dueña del huso y la rueca,

el último eslabón de una tradición oral
que se remonta siglos y siglos
hasta la primera contadora de cuentos.
El ovillo de Ariadna,
los bordados de Aracne,
las túnicas de Nausícaa,
la colcha de Penélope,
todos esos tejidos nacieron de un mismo hilo
y cada mujer heredó la trama.
Las moiras, sabias tejedoras
capaces de cortar el hilo de la vida,
me enseñaron con gestos sencillos
la urdimbre del telar.
Aquella niña que aprendió a coser,
bordar e hilvanar todo tipo de historias,
hoy teje su propia mortaja.
Con palabras el mundo va enhebrándose:
surge un paraíso privado, íntimo, egoísta,
cortado a la medida de mi cuerpo.
Ninguna mujer de mi familia imaginó
que yo sería aguja e hilo,
la mano que enhebrara y cosiera

hebras desgastadas de la literatura,
capaz de zurcir sueños y bordar pasiones.
Mi tela ha ido creciendo con los años,
poema a poema,
puntada a puntada.
En verano, el fresco pañuelo de seda.
En invierno, la cálida toquilla de lana.
Para envolverme no tengo más que palabras,
sutiles palabras que surgen del mito
—Ariadna, Aracne, Nausícaa, Penélope—
desde tiempos remotos.

Abro mi libro y leo

Para Aurora Luque

Un libro puede ir de una habitación a otra
sin que nadie lo toque.

James TATE

DE UNA habitación a otra,
el libro gana en lirismo y emoción contenida,
se abre como pulpa de fruta
para saciar una sed antigua
y deja en mi lengua explosión de sabores.
El tiempo nunca pasa en balde,
las sensaciones se acrecientan
con el paso de los años,
más intensas a medida que van madurando.
Así los poemas: los versos ganaron sugerencia,
las páginas se inundaron de aroma,
sinestesias, destellos luminiscentes.

No suena igual el mismo poema
en la cocina o el salón.
Abro el libro al azar. Leo en voz alta
el mensaje visible y el oculto,
sufro y gozo a un tiempo,
me muestro desnuda y me tapo.
¿Qué pensará el lector cuando se adentre
en este jardín y, rodeado de plantas y pájaros,
toque mi alma temblorosa?
¿Sentirá pudor, sorpresa, ternura, armonía?
¿Ensuciará sus manos con un puñado de tierra
o se limitará a observarme desde lejos,
temeroso de rasgar tanta intimidad?
La mujer que fui y la que soy
confluyen en el mismo estanque
y sus aguas se mezclan:
un libro abierto donde extraer
las emociones más primitivas
y sembrar una semilla de belleza.

Es otoño en mis libros

EL OTOÑO en mis libros
y las hojas caen amarillas,
poemas que han perdido vigor se desprenden
formando una alfombra de versos.
Busco entre hojarasca y hallo
endecasílabos dulces, crueles heptasílabos,
un farolillo de papel al atardecer.
Los libros tienen alma de árbol:
crujiente sonido de ramas,
canción de pájaros y nido protector,
savia oculta, temblor de raíces.
Telúrico universo, dijiste.
Abrazada al tronco, cada poema susurra.
Aprisionada entre hojas, respiro

el olor de la resina mezclada con la tinta.
En la copa, los aires me columpian
de un verso a otro, como ave.
Cada hoja, un temblor
                    ligero y mullido,
                              casi leve.

La vida me ha dado tanto

LA VIDA me ha dado tanto,
el pájaro, el árbol, la nube temblorosa,
riachuelos serpenteantes
que bajan cantando por la piel de la montaña.

La vida me ha dado tanto,
un abrazo tan breve,
un estar y no estar
de intrépido lactante.

La vida me ha dado tanto,
la música, el lenguaje,
el hueco de amor que las palabras
labran en la piedra.

Y tanto y tan poco son lo mismo,
y tanto y tan poco se dan la mano.
Entre olvido y recuerdo,
la añoranza de lo que no llegué a ser.

Llegaron golondrinas

LLEGARON GOLONDRINAS para recordarnos
que la vida continúa imparable.
Mientras te hundes en un sillón,
otros ríen y besan y saludan al sol de abril,
se quitan los abrigos y esparcen al viento
pétalos de margarita,
beben vino muy rojo y el poso de las copas
arrojan a la hierba como sangre.
Y mientras la brisa mueve nuevas hojas
surgidas de la magia, te digo:
la vida continúa,
el sol sale cada día
también para ti.

Aunque el día esté nublado

¡Oh, Soledad! Si contigo debo vivir,
que no sea en el desordenado sufrir
de turbias y sombrías moradas.

J. KEATS

AUNQUE EL DÍA esté nublado
y no parezca que vaya a abrir la mañana,
observaré con asombro una luz cálida
al fondo del salón, donde los libros
tejen su reino misterioso,
sisean entre ellos y ellos mismos se alumbran.
¡A saber qué maravillosas conversaciones
mantienen al atardecer o qué páginas
se leen en voz alta, absortos
en la belleza de la palabra urdida!
Cuando los mirlos, inquietos,
regresen a dormir,
les recitaré poemas de John Keats,
exuberantes, imaginativos

como la fronda del árbol donde anidan.
Y luego repondré el libro en el estante
para que charle con sus amigos
y les cuente cómo de suave cae la noche,
qué luna tan luminosa resplandece,
aunque su corazón revolotee tenebroso.

Al final de la playa
hay un rizo de viento

AL FINAL de la playa hay un rizo de viento.
Allí es donde hablo con los dioses,
tumbados ledamente en la arena.
Las palabras nos protegen.
Sin ellas nos sentimos desnudos.
Jugamos a buscar esdrújulas entre conchas rotas
y a retirar redes y algas
arrastradas por mareas. Alguien
pronuncia «médano» y otros responden
«lógica», «espíritu», «cántaro», «cápsula»…
En ese peine de viento las horas transcurren lentas.
Las palabras son cabellos agitados.
Con paciencia las desenredo
y flotan sin peso, sin conciencia de culpa,
usando mis dedos como púas.

He amado mucho
lo que no puede amarse

HE AMADO MUCHO lo que no puede amarse.
Nadie me dio permiso ni yo lo pedí.
Amé con la tenacidad
que el pájaro pone en su vuelo;
al principio sumando torpeza y temor
propios de la inexperiencia,
más tarde confiada
en la fuerza necesaria para impulsar las alas.
Amé sin esperar nada.
Nada podía esperar de lo prohibido.
Todo el aire fue mío.
Y ahora que no puedo
hacer largas travesías,
observo mis alas viejas, mis plumas desgastadas
con emoción secreta.

¿Qué pedir a la noche?

¿QUE PEDIR a la noche
sino la noche misma?
¿Qué puede ofrecerme que yo no tenga?
Al alcance de la mano,
libros y estrellas a mi disposición,
copas de vino aterciopelado
y el aroma embriagador del jazmín.
Pies desnudos sobre la hierba húmeda,
sois mi entrada al paraíso.

Los libros hablan de la vida

Los libros hablan de la vida pero no son la vida.
Hablan del amor pero no son el amor.
Cuando escribo, surge una mujer
menos compleja de lo que en verdad soy.
Demasiado complicada y ambigua,
                    unas veces me gusto y otras no.
Me preguntas si he elegido mis risas,
enfados, orgullo, rabia, indiferencia,
humor, sensualidad, egoísmo.
Los personajes los he modelado a mi antojo.
Mis personajes y mi persona se pelean.
                    Unas veces se gustan y otras no.

Gracias por compartir
conmigo la soledad

GRACIAS POR COMPARTIR conmigo la soledad
y celebrar la suerte de estar vivos,
respirando junto a los robles del parque.
El sol los abraza, dorado y tibio, al atardecer.
Tú y yo nos abrazamos
a los troncos, percibimos su calor,
la savia que sube soberbia
desde las profundidades de la tierra;
porque ellos también se saben vivos,
llenos de amor y pájaros;
porque la humedad los baña
y entreabre rosas de belleza
en cada rama equilibrada.

Atardecer

Para Josefa Parra, en la hora azul

LA TARDE se adormece poco a poco
y se oxida el aire del jardín.
Cada planta ha envuelto su calor entre hojas
para preservarlo, lo acurruca en su seno.
En la hora azul, bandadas de estorninos
danzan una hábil coreografía
y la humedad se deshilacha finísima, sutil.

¿Qué es ternura?, preguntaste.
Puedo ofrecerte un atardecer de abrazos lentos,
un diálogo paciente con los árboles
que comparten tierra y verdor
sin esperar nada a cambio.
Ternura es mi mano, sucia de barro
y excremento de pájaro,
hoja con moho y corteza sedienta.

Oscuro ramaje

... sino por una avecilla
que me cantaba al albor...

Romancero medieval

¿En qué oscuro ramaje os habéis escondido,
abubillas, herrerillos, jilgueros,
petirrojos, verderones? ¿En qué arriate?
¿Tras tapias blancas, en los aleros,
entre el fresco perfume de los limones?

Aves que venís
a beber en las fuentes y alegráis
mi existencia con canto gratuito,
en el albor del día os escucho arrobada
agradeciendo el trino que me despierta.

Por fin la lluvia

DESPUÉS DE TANTOS meses de sequía,
por fin la lluvia quitando polvo al limonero,
tintineante, alegre,
acariciando las hojas sedientas.
He abierto las ventanas y apagado la radio.
Su música es la única
que deseo escuchar. Cantarina,
un regalo traído por los dioses.

Al borde de una página

SE HA LEVANTADO un aire bronco, ceniciento,
y me ha asustado el aletear del mirlo
posado en el naranjo. Desconfiado,
alzó el vuelo
al yo abrir la cancela.

En libros viajeros
que han pasado de mano en mano,
las horas se detienen.
Mi cuerpo
—tan cansado—
detenido al borde de una página,
me observa.

Negra la noche

NEGRA LA NOCHE y negros
los sueños que acuden a la mente.
He despertado sobresaltada,
la nuca sudorosa, con el recuerdo
de retazos absurdos que parecen reales.
Como si la vida no fuera
suficiente castigo, suficiente premio.
Afuera la oscuridad es persistente.
Comienza a rasgarse un frío amanecer
y la alondra canta para mí.

Parque de los Toruños

En este cálido invierno, los jaramagos
ya han explosionado —frescos, amarillos—
para dar una nota furiosa de color
entre el verde, el pardo y la ceniza.
Estamos a mediados de enero
y hace un día soleado, aunque sopla
un vientecillo frío. En las marismas
algunas avocetas hunden su pico en el fango
y a lo lejos se observan charrancitos,
chorlitejos, patinegros y archibebes.
Es domingo y algunas familias
pasean con sus hijos en bicicleta
por los senderos de grava del parque.
Yo busco un lugar protegido del viento,

levanto el cuello del abrigo,
saco un libro del bolso y entro
en sus pasillos.
Naturaleza y Poesía
se miran de frente,
tienen que hacerse hueco en el mismo banco,
acomodar sus cuerpos de manera
que encajen cómodamente.

Cuando llegan nubarrones del Oeste

CUANDO LLEGAN llegan nubarrones del Oeste
tras cruzar el Atlántico, me pregunto
qué pensarán al verme
en el jardín leyendo.
¿Pensarán que todas las emociones
están guardadas en un libro,
que solo quien lee tiene la llave,
que basta pasar hojas para escuchar
una lluvia tintineante o recibir
la calidez inesperada del sol?
Las nubes van hacia un lugar que no existe.
Las miro pasar, intento detenerlas,
les propongo tomar té conmigo y
leer en voz alta algunos versos
que hablan de fuego, de hielo, de tormenta.

La muerte de M.E.

DESCENDERÉ al Infierno sin Virgilio.
No le daré al ángel mi guante blanco
ni intentaré quebrar la espada contra la roca.
No tomaré un brebaje mortal
a los pies del amado muerto.
No seré crucificada en el Gólgota.
Mi cuello no se quebrará bajo la guillotina
ni seré acribillada por la pólvora
en los campos de Waterloo.
Moriré con un libro en las manos
una apacible tarde de otoño,
mi manta de terciopelo sobre las piernas,
mi taza de café ya vacía.
Algunos jilgueros me mirarán desde los árboles

y trinarán como en cualquier otro atardecer,
no más contentos ni más tristes.
En el jardín, en la vieja hamaca,
a mitad de un libro,
se irá enfriando mi cuerpo.

Suicidas

ALEJANDRA PIZARNIK plantó un árbol,
lo regó durante años con angustia
de agua estancada,
decapitó sus ramas y tragó cincuenta pastillas.
Alfonsina Storni quiso tener mar propio,
una parcela de sal para un pecho
demasiado bello, demasiado salvaje.
¿Cuántas flores frescas pusieron sobre la tumba
de Virginia Woolf? ¿Cuántos días fue pez
en la corriente del Ouse?
¿Quién sacó las piedras de su bolsillo?
Yukio Mishima —frío, impecable—
vivió y murió ritualmente,
alcanzando la gloria de Japón.

Insatisfecha con el mundo real, consigo misma,
Sylvia Plath enciende la espita triste del horno.
Larra posee espesa sangre,
más espesa que la tinta de sus cartas.
Safo alimenta con alpiste a los gorriones de Afrodita
y entra en el huerto de manzanos
por su propio pie, como una ofrenda.
Pese a la tuberculosis y el asco
que Rusia le produce, Marina Tsvietaieva
se aferra al hilo de la vida,
cada vez más delgado, cada vez más delgada.
Kostas Kariotakis abre —una sola bala—
su corazón, roja sandía de verano.
En la selva que el dolor enmaraña,
Horacio Quiroga recurre al cianuro.
Anne Sexton, demasiado alcohol y soledad.
Paul Celan, turbias aguas del Sena.

Ella descubre

ELLA SE GUÍA por corazonadas (las razones del corazón son poco razonables).
Ella sigue pistas equivocadas, como todo buen detective.
Ella husmea entre objetos abandonados cuál fue su pasado, qué olvidó.
Ella deduce palabras en silencio, o sea, lo pensado que nunca fue dicho
[en voz alta.
Ella adivina un mundo fascinante: su mente juega a sorprenderla.
Ella, con toda suerte de ingenuidades, explora su yo más íntimo con
[un espéculo.
Ella mantiene una red secreta de colaboradores.
Ella, de un modo absurdo, soluciona enigmas.
Ella, tan imprevista, tan torpe e iconoclasta, huye de normas y modelos
[aceptados.
Ella escudriña en su boca y escupe una serpiente.
Ella inventa la heterodoxia y adora la rebeldía.

Ella ríe de modo irreverente, tiene excesivos escrúpulos que ha de ir
[matando.
Ella disimula con risa su vergüenza.
Ella acumula errores en su Caja de Oportunidades Perdidas.
Ella planea el asesinato (con premeditación y alevosía) de los amantes
[que no le gustan.
Ella sacrifica sus pechos, los perfuma y ofrece a Afrodita.
Ella acusa a los personajes de alterar el poema e inventar un discurso
[diferente.
Ella sigue el rastro de sus versos y los descubre viviendo otras vidas.
Ella sabe que siempre se ha burlado de sí misma y conspirado
[contra ella.
Ella mete a la Muerte en una caja de bobinas y le susurra:
«Espera un poco, aún tengo que coser un par de vestidos».

Deseos

QUE VENGAN LOS AMIGOS e inunden la casa con sus risas.
Que apuren todo el alcohol y dejen la mesa
llena de botellas vacías y copas sucias.
Que leamos poemas cuando estemos borrachos, con voz temblorosa.
Que el sueño aparezca al final de la noche.
Cansados de mantener abiertos los ojos,
que duerman a mi lado, sin complejos, sin culpa, los poemas.

Un cúmulo de papeles

LAS MEMORIAS escritas (cadáveres)
ocupan mucho espacio.
Las cartas recibidas (cadáveres)
otro tanto,
sobre todo las de amor.
Y cuánto espacio inútil los poemas (cadáveres)
trabados año tras año
cual sólida cadena de emociones.
Estoy pensando en mí:
sujeta a los remos de una nave
llamada Literatura,
bogando sin poder desprenderme,
condenada a galeras
de por vida.
Si me niego,
el látigo restallará sobre la carne.

Sueño

UNA PEQUEÑA lámpara ilumina el libro
que sostengo sobre el pecho.
Me quedé dormida mientras leía
y ahora regreso a una realidad incómoda,
una vida vulgar, nada parecida
a la de esos personajes de novela.
He soñado compartir con ellos las mismas calles nocturnas,
cafés iluminados con bombillas tenues
que dan un aire teatral, íntimo
a cualquier escena. Ellos pidieron absenta.
Yo bebí una copa de Burdeos.
Estuvimos charlando largo rato de libros
feroces, melancólicos, profundos,
cargados de un polen amarillo de belleza.

Capítulo noveno. Han bebido demasiado
y me brindo a acompañarlos hasta
la buhardilla infame donde malviven.
Pintan, se emborrachan, gastan alegremente
las pocas monedas obtenidas,
fornican, blasfeman, escupen, fuman opio,
se enamoran de amantes tuberculosas
y sus días son efímeras flores
que entrelazan pétalos de pasión y sufrimiento.
Y en este sillón me pregunto
si leo para vivir otras vidas, si mi vida
se enriquece con libros, si los libros
me apartan de la vida verdadera.

Las confidencias que
se le hacen al viento

LAS CONFIDENCIAS que se le hacen al viento,
¿hacia dónde van?, ¿quién las oye?,
¿hacia dónde los secretos que él lee
en nuestra mente al abrazarnos?
Su presencia borra las arrugas del alma.
Su visita disipa la niebla,
limpia los recovecos de la angustia.

Solos el viento y yo
en la escollera del muelle
jugando a volar lo efímero.

Hora del crepúsculo

Para José Manuel Benítez Ariza
(acuarela con vencejos)

CUANDO LOS VENCEJOS asaetan el aire
con veloz y agudo vuelo,
siento despertarse mis manos.
¡Qué belleza la de estas aves al unísono,
solo atentas al placer de volar juntas!
Por favor, sirve unas copas,
necesito que el vino nos ayude a elevarnos
y dejar atrás una realidad insulsa.
No, no en copas vulgares,
bebamos en las de Baccarat.
Solo paladeando un buen vino
en un buen cristal, tú y yo
podremos sentirnos flotar en el aire,
abiertas las alas, más hermosos
que esa nube de pájaros.

La Vía Láctea

¿POR QUÉ hablar de la muerte
si es la vida lo que tanto me preocupa?
Al fondo de la casa ella se ríe
de mí y del estúpido deseo de poner orden.
No sé cómo hablarle, me faltan palabras
y el tono adecuado para ablandar su corazón.
Siempre la miré con recelo,
temiendo que ella me abrazara con fuerza
y dictara qué senda debía tomar,
pero ahora comprendo que nunca fue tirana,
que siempre me acompañó en silencio
sin censurar mis decisiones,
tampoco aplaudiéndolas.
Si algo hemos hecho la vida y yo
es compartir un trecho de la Vía Láctea.

Podría escribir sobre mi vida

Para Benito Zambrano, gracias por su fotografía

PODRÍA ESCRIBIR sobre mi vida
pero este largo cansancio me lo impide.
Solo quiero tumbarme y escuchar pájaros,
cerrar los ojos, dormir, a ratos leer
palabras que otros fueron enlazando para mí
sin saberlo, ajenos a mi existir.
Una lenta erosión del mar en las rocas:
así siento la diaria respiración.
La mujer que antes luchaba
ahora se deja vapulear por las mareas,
sin fuerzas para oponerse a la ola que choca
insistente, cruel, y aplasta su deseo.
El mundo dejó de ser un lugar agradable
hace tiempo, cuando dejé caer el cuerpo

sobre las sábanas y, exhausta,
apoyé los labios en la almohada.
He llorado en silencio desde entonces
para que nadie oyera tanto dolor.
Aquel verano —1990, La Rábida—
tú captaste un abismo con tu cámara,
un abismo que se abría en blanco y negro
entre un antes y un después.

Ser poeta

Para José Antonio Mesa Toré

I

LEJOS DE SER un buen amanuense
o un habilidoso ingeniero verbal,
la labor del poeta consiste
en conocer su voz y hacerla reconocible.
Esa voz interior
—el son con el que va pensando—
intenta apresar lo misterioso
a medida que lo nombra.
Belleza, hondura y precisión:
sin ellas, la palabra escapa
entre los dedos, se diluye
sin llegar a ser poesía.
Construir un puente

entre lo real y lo ignoto,
atravesarlo,
esa es la labor rigurosa del poeta.

2

TODO POEMA comienza en desasosiego,
se convierte en tensión —una cuerda
tirante cuyo ángulo se ignora—
y termina siendo mezcla
de felicidad y cansancio.
La satisfacción nunca es completa,
siempre hay detalles mejorables.
Agotada, lo releo.
Escucho su música.

Tras un aguacero repentino

TRAS UN AGUACERO repentino
hemos puesto a escurrir las nubes
una tras otra en la cuerda, con pinzas.
Sol, ¿a qué esperas para asomarte?
Un rato de conversación me vendría bien,
ahora que la soledad se está adueñando
de esta casa.
También los gorriones secan sus plumas
y sacuden las margaritas con un temblor
el agua excedente.
Solo yo permanecí en el refugio
observando caer la tormenta de marzo
tras el grueso vidrio que me protegía.
Mi cabello está seco, mi ropa está seca.

Arrebujada en la manta,
abro la puerta a un tímido sol
y lo invito a tomar café recién hecho.
Ven aquí a mi lado, caliéntame.
Apartaré los libros y
me dejaré abrazar un largo rato.

Palabras en el telar

LAS PALABRAS escritas hace siglos
se muestran ante nuestros ojos deslucidas,
como un vestido que el tiempo ha ido ajando
y restándole ese apresto que tuvo el primer día,
desteñido ya pero aún en uso. El tiempo
—en su pasar sin pausa— deteriora
cuanto nació brillante, fogoso, ingenuo.
Pero aún emocionan las antiguas palabras,
capaces de arrastrar a un hombre
a un jardín de músicas. Solitario es el goce,
pues quien lee y escribe desecha compañías
para hallar él solo, en recogimiento,
el sagrado temblor del lenguaje.

Poética

Los POEMAS destilan luces y sombras,
una suerte de alcohol que enturbia los sentidos.
Beber poesía es perder el conocimiento
de lo real y entrar en lo escondido,
meter el dedo en una llaga fascinante.
La labor de la poesía es seducir
y hallar en trance lo inesperado.
Consiste en juego de antinomias,
en tensión expresiva y choque de electrones.
Intuir lo impalpable y palpar la intuición.

Ascenso

TE REGALARÉ un poco de mi muerte,
así me ayudas a llevar tanto peso.
Estoy cansada y el viento no cesa.
A golpe de pedal, qué duro se me hace
coronar esta pequeña colina diaria,
llegar sin aliento, empujada por las ráfagas
a lo más alto del día.

Dos fotografías en el muelle

Para Antonio Rivero Taravillo

MUELLE de Cádiz, 1934.
Sentado en un noray, pantalón
de un blanco impoluto, blancos zapatos
acordonados, tan limpios,
Luis Cernuda posa para José Caballero.
Poeta y pintor han paseado por el muelle
y un olor a sal ha impregnado sus ropas.
Han hablado de poemas, amigos comunes,
fotografía, cine, de buscar un trabajo
con que mantenerse, de pintura...
Posa con gesto elegante,
las manos cruzadas en el regazo,
un mirar sereno, relajado
frente a la cámara.

Muelle de Cádiz, 2024.
Tantos años después, en el mismo noray
me siento a contemplar el agua
y los barcos atracados en el puerto.
Hago fotos con la cámara del móvil
a las gaviotas posadas en las olas,
balanceándose, y pienso
en Cernuda y los años gastados.
Su voz y la mía tan diferentes.
Su vida y la mía tan distantes.
Pero una misma pasión nos empujó
a escribir y observar mareas.

Intimidades

Mi casa es una isla blanca con esquina.

Ana María FAGUNDO

MI CASA es una cortina blanca que revolotea con los vientos y un puñado de margaritas con su botón de miel y su talle indeciso.

Los gorriones regresan porque les doy pan y saben que hay huecos de ternura. Las hormigas, en cambio, desaparecieron con las lluvias de febrero.

En cada libro escondo una frase que quiero recordar y migajas de madalena. Los libros tienen luz propia, de noche brillan como cintilantes luciérnagas de nácar.

Mi destino de isla se desparrama por la casa. Piel desordenada. Música de olas. Un sillón tan cómodo y amable, con la curva exacta de mi espalda.

Crece la soledad como vela desplegada. Hay tardes en que zozobro y me alineo con los astros.

Tanta geografía y tanta caricia, mi pequeño cuerpo lo sabe. Escorada a babor, tenso el ancla y el faro me ilumina unos segundos.

Caprichosa, cálida, rozo el poema y el poema me roza.

La asesina de palabras

MARÍA Mercedes Carranza,
harta de palabras vacías, mustias,
harta de espejismos, oquedades,
puso contra la pared AMISTAD
y disparó varias balas
hasta que el cuerpo cayó como un fardo.

A DIOS decidió guillotinarlo
porque la cabeza de Dios pesaba mucho
en la conciencia de gente ilusa.

AMOR, esa ilegible palabra,
mereció el garrote vil,
no fuese a hacer más daño

a los imbéciles
que usan y abusan de ella.

Condenar al cadalso,
asesinar,
fusilar,
enviar a la cámara de gas,
guillotinar,
envenenar palabras absurdas como
LIBERTAD, SOLIDARIDAD, CIVILIZACIÓN.
Liberarse de ellas fue un acto de justicia
contra la hipocresía.

El tiempo es un hilo

A mitad de la vida sucede que llega la muerte
a tomarle medidas a la persona. Esta visita
se olvida y la vida continúa. Pero el traje
se va cosiendo en el silencio.

Tomas TRANSTRÖMER

EL TIEMPO es un hilo
de algodón, torzal o poliéster.
Atraviesa las diferentes telas del corazón
y las cose con esmero
usando agujas de diferente grosor
para traspasar las capas blandas
o más densas. Nada escapa
a las hábiles manos del tiempo.
Sabe enhebrar con aguja afilada todos los sucesos de una vida
y sobrehilar las costuras, esos flecos
de alegría y dolor que fueron alternándose.
En mi pecho ha bordado

la letra inicial de mi nombre
para recordarme quién soy:
orgulloso retal de terciopelo.

Teclado QUERTY

TODAS LAS MAÑANAS quito el polvo a Underwood.
Hace siglos de mis primeros poemas
tecleados en esta vieja gloria
para presentarlos a un concurso.
Había que colocar papeles de calco añil
para obtener copias
y aporrear las teclas con decisión,
de un modo enérgico y masculino.
En el despacho paterno,
entre tomos de Medicina, microscopios, facturas,
eché tardes pasando a máquina
poemas adolescentes.
Recuerdo clases de mecanografía
en una academia para secretarias:

docenas de muchachas pulsábamos
todo el abecedario a ritmo trepidante,
concentradas, monótonas,
tal vez soñando un futuro.

Esta vieja Underwood perteneció a mi padre
—las grises entretelas del franquismo—
y antes había sido de mi abuelo
—Alfonso XIII, Miguel Primo de Rivera,
la Segunda República, la Guerra Civil—,
dando fe de la historia de un país
con sus teclas gastadas
y sus negros carretes.
Hace años que está en silencio;
le fui infiel con Lexicon, Olivetti,
más tarde con Windows, y cayó en el olvido,
arrinconada en el despacho.
Quitarle el polvo supone una caricia diaria,
un homenaje y un milagro.

Esta primera edición en
LOS VERSOS DE CORDELIA de
SOL Y SOMBRA
se acabó de imprimir
en el otoño de 2025